Unser Revier - das Ruhrgebiet

... mit Ecken und Kanten aus Kohle und Stahl,
doch ganz tief im Herzen oft treu und loyal!

1. Auflage: November 2014

Herstellung und Verlag:
BoD – Books on Demand, Norderstedt

ISBN: 978-3-7357-5799-9

Inhaltsverzeichnis

Seite 1	Informationen über das Buch
Seite 2	Inhaltsverzeichnis
Seite 4	Vorwort
Seite 5	Kohlenpott
Seite 6	Bähhh… (Das Taschentuch für ALLE Fälle)
Seite 8	Moped fahr'n
Seite 9	Mondstadt-Power
Seite 10	Überlebenskünstler
Seite 11	Sunrise-Ruhr e.V.
Seite 12	Trödelmarkt
Seite 13	Büdchen
Seite 15	Wochenende
	Pottkinder
Seite 16	Bochum – ein Gedicht
Seite 17	Vorurteile
Seite 18	Bei uns in der Kneipe
Seite 19	Das „Rad" der Zeit
Seite 20	Fair geht vor
Seite 21	„Glückauf"
	War früher alles besser?
Seite 23	Die große Reise
Seite 24	Weggefegt
Seite 25	Fußballbilder
Seite 26	Heimweh
Seite 27	Hasse ma? (Hast Du mal?)
Seite 29	Seltersbude
Seite 30	Auf nach Crange („Piel op no Crange")
Seite 31	Jugendzeit

Seite 32	Der Kumpel
Seite 33	Mmh... lecker
Seite 34	Wir von damals
Seite 37	Laubenpiepers Fluch
	Vertan, vertan
Seite 38	Das alte Revier
Seite 39	Kegeln
Seite 42	Is getz allet klar?
Seite 43	Wanne-Eickel
Seite 45	Eisspaß-Nostalgie
Seite 46	Malochertier
Seite 47	Schalke 04
	Schlimmer geht's (n)immer
Seite 48	Tracht Prügel
Seite 49	Zeitreise
Seite 51	Reibeplätzken
Seite 52	Sauerland
Seite 53	Wir sind die Schönsten
Seite 54	Klassentreffen
Seite 55	Kohlenpott-Rivalen
Seite 56	Currywurst
Seite 58	Fußball
Seite 59	Nostalgie
Seite 60	Krummer Hund
Seite 61	Zeitmaschine
Seite 62	Arbeitsloser
Seite 63	Toto & Harry
Seite 64	Bedingungslos (Die Kumpel-Version)
Seite 65	Ein Cranger-Kirmes-Tag
Seite 68	Alte Zeiten
Seite 69	Ruhrgebiet
Seite 70	Grüne Lungen
Seite 71	Tief im Westen
Seite 73	Nachwort
Seite 74	Impressum

Vorwort

Liebe Leser,

mit dem letzten Buch im Jahr 2014 möchte ich Ihnen gerne meine Heimat, den Kohlenpott, etwas näherbringen.

Ich wurde 1964 in Gelsenkirchen geboren. Ein paar Monate später zogen meine Eltern nach Essen-Altenessen, wo wir bis Anfang der 70er Jahre lebten, und danach verschlug es uns nach Wanne-Eickel; dort bin ich auch heute noch beheimatet.

Lassen Sie mich an alte Zeiten erinnern, als es noch den Tante-Emma-Laden gab, wo man mit zwei Groschen in der Tasche noch ein König war, oder als das Rennpferd des kleinen Mannes die Taube war. Mal lustig, mal traurig, mal nachdenklich berichte ich Ihnen in Reimen über eine Region, die oft für robust und kalt gehalten wird, jedoch gibt es hier so manche nachdenkliche und herzensgute Menschen.

Viel Spaß beim Lesen wünscht Ihnen der Autor
Norbert van Tiggelen

„Kohlenpott"

Kohlenstaub auf Wäscheleinen,
Nachbarn sich beim Bier vereinen.
Pflaster heiß vom Sonnenstrahl,
Reichtum ist nur eine Zahl.

In Kneipen bläut Zigarrenduft,
der Smog, er hängt oft in der Luft.
Ein Imbiss ist das Hasenbrot,
Zentralheizung der Zeche Tod.

Die Taube ist des Kumpels Freund,
im Schrebergarten man sich bräunt.
Das Gebiss, es ruht im Glas,
auf Ascheplätzen wächst auch Gras.

Die Bratwurst, sie schmort auf dem Grill,
der Raufbold nicht nach Hause will.
Gummitwist der Mädchen Sport,
Ehrlichkeit nicht nur ein Wort.

Bierdeckel in Fahrradspeichen,
Krupp-Stahl ist ein Markenzeichen,
Flimmern übers Kopfsteinpflaster,
Schnupftabak des Bergmanns Laster.

In dieser Zeit war ich ein Kind,
in der wir waren noch nicht blind,
wir Menschen waren ein Komplott
in unsrem stolzen Kohlenpott.

© Norbert van Tiggelen

Bähhh ...
(Das Taschentuch für ALLE Fälle)

Dies verdammte Taschentuch
war für mich der größte Fluch.
Denn wenn es zum Vorschein kam,
ich 'nen Ekelreiz vernahm.

Wurd' dann auch noch reingespuckt,
hab ich nicht mehr hingeguckt.
"Augen zu und durch" hieß es,
hatte keinen Bock auf Stress.

Mir wird's heut noch angst und bange,
auch wenn's her ist ziemlich lange;
Schweißausbrüche mich ereilen -
wenn ich lese diese Zeilen.

© Norbert van Tiggelen

Tief im Westen - Zeche Consol in Gelsenkirchen

Der alte Kumpel - Zeche Teutoburgia in Herne

Moped fahr'n

Mann, was waren das für Zeiten,
als noch Moped wurd' gefahr'n.
Schon der Anblick nur des Chromes
hatt' es einem angetan.

Dann der Duft der Auspuffgase,
besser fast als jede Frau.
Ledersitzbank, Rückenbügel -
Mann, was war das eine Schau!

Klanggewaltig die Motoren,
ein unheimlich irrer Sound;
hat nicht nur manch' lieben Nachbarn,
auch den Schutzmann schlecht gelaunt.

Unbeschwert und einfach glücklich,
mit dem Fahrtwind in den Haar'n,
ach, wie gerne würd' ich wieder
einfach nur mal Moped fahr'n!

©Norbert van Tiggelen

„Mondstadt-Power"

Bei uns, da geht die Post ab,
wir Wanner sind gut drauf -
wo andre müd' ins Bett gehen,
da stehen wir erst auf.

Hier wird nicht groß getrauert,
bei uns, da zählt der Spaß -
wo andre auf der Bremse steh'n,
da geben wir gern Gas.

Egal, ob tief in Crange,
in Eickel - ist doch klar;
erst recht in Holsterhausen,
auch Bickern ist kostbar.

Im schönen Röhlinghausen,
da tanzt sogar der Bär,
genauso wie in Wanne -
als ob's was Neues wär!

Freunde gibt's hier viele,
und das ist echt kein Witz,
der beste Kumpel hier bei uns,
das ist „Unser Fritz".

© Norbert van Tiggelen

Überlebenskünstler

Damals gab es keine Airbags,
und auch nicht das Internet,
Handys, iPods, Spielkonsolen -
nach dem Sandmann ging's ins Bett.

Damals gab es keine Helme,
aus dem Garten Obst und Lauch;
tranken aus 'nem Kran im Parke
oder aus dem Gartenschlauch.

Damals gab es drei Programme,
Sendezeit bis Mitternacht.
Doppelbetten, Zuckerstangen,
Murmeln spiel'n hat Spaß gemacht.

Damals gab es Lagerfeuer,
Bandenkriege im Revier;
Seifenkisten ohne Bremsen -
all das überlebten wir!

© Norbert van Tiggelen

Sunrise-Ruhr e.V.

Hier wird nicht sehr lang gewartet
oder endlos diskutiert,
tatenlos nur zugesehen,
wenn ein Mensch im Kalten friert.

Hier ermöglicht man den Kindern
„gnadenlosen" Ferienspaß;
bei verschiednen Abenteuern
manch ein Spross die Zeit vergaß.

Hier hilft man auch alten Menschen,
die allein recht hilflos sind;
sorgt für einen blauen Himmel
und für etwas Rückenwind.

Hier beseitigt man Probleme,
packt mit fleiß'gen Händen zu.
Man sorgt sich um seinen Nächsten -
wegzuschau'n ist hier tabu.

Hier hilft man bedauernswerten
Menschen aus der tiefsten Not.
„Sunrise" ist für viele Seelen
ein bewährtes Rettungsboot.

© Norbert van Tiggelen

Trödelmarkt

Über'n Trödelmarkt zu laufen,
schnüffeln, stöbern, handeln, kaufen,
ist des Sammlers große Freud -
er dabei kein Wetter scheut.

Er versucht mit wenig Kohle
- seinem Portmonee zum Wohle -
ständig einen Fitsch zu machen,
kauft darum meist günstig Sachen.

Fängt er einmal an zu bieten,
liest ihm keiner die Leviten.
Denn sein Ziel ist nur das Eine:
Halt sie fest, die werten Scheine!

Ist der Trödelgang zu Ende,
klatscht er freudig in die Hände
und er zudem lauthals lacht,
hat er einen Deal gemacht.

©Norbert van Tiggelen

„Büdchen"

Gern stand ich in Jugendjahren
hier in unsrem deutschen Land
an so mancher Seltersbude,
mit zwei Groschen in der Hand.

Wie oft fiel mir die Entscheidung,
was ich kaufen wollte, schwer;
Veilchen, Waffeln, Zuckerstangen -
alles schmeckte doch nach mehr.

Dann gab's da noch weiße Mäuse,
Knöterich und Esspapier;
Waffelbruch nicht zu vergessen,
„Dreh und Trink" - ein Elixier!

Heiß begehrt war'n auch Salinos,
Silberlinge sowieso;
Brausewürfel, Dauerlutscher
stimmten uns doch meistens froh.

Was war das für ein Erlebnis,
wenn man stolz nach Hause ging!
Schließlich war man unbestritten
mit zwei Groschen noch der King.

© Norbert van Tiggelen

"Kameradschaft"

"Knochen-Maloche"

"Wochenende"

Sitzt der Vatta froh vorm Fernseh'n
mit 'nem kalten Fläschken Bier
und kuckt mitte Kumpels Fußball,
dann is Mutta bös wie'n Tier.

Hat er später einen sitzen,
räumt er lallend sein Quartier -
dann is sicha Wochenende,
liebe Leute, glaubtet mir!

"Glück Auf"

©Norbert van Tiggelen

Pottkinder

Hier bei uns im tiefen Westen
ist man gerne geradeaus.
Um den heißen Brei zu reden,
ist für uns ein wahrer Graus.

Wir sind manchmal etwas holprig,
für manch zarte Seel' ein Schreck;
aber meistens treu und ehrlich -
tragen's Herz am rechten Fleck.

©Norbert van Tiggelen

Bochum – ein Gedicht

Zwischen Staus und Fördertürmen,
unweit von der schönen Ruhr,
dort malochst du unaufhörlich,
stets der Kohle auf der Spur.

Kortumpark und Erzbahntrasse
schmücken deine raue Haut;
auch mit dem Bermudadreieck
hast du nicht auf Sand gebaut.

Viele tausend Menschen freudig
jedes Jahr ins „Starlight" geh'n;
fünfzehn Tonnen Eisen Gottes
hast du vor dem Rathaus steh'n.

Kumpelhaft warst du schon immer,
und beim Fußball ganz speziell;
du nimmst Höhen und auch Tiefen
treu mit deinem VfL.

Bochum, Stadt der Produktionen,
ich halt zu dir, was auch geschieht,
Kruppstahl fließt durch deine Adern -
du Schmuckstück aus dem Ruhrgebiet!

© Norbert van Tiggelen

Vorurteile

"Guck mal, der hat nur Hartz IV,
was ist das für 'ne Flasche?
Der faule Hund, er lebt doch gut,
und das auf meiner Tasche!

Der hat noch nie malocht, der Schuft,
das sollt' er mal probieren!
Doch dieser arbeitsfaule Hund
würd' sich dabei blamieren.

Mit dem will ich nicht dicke sein,
der steckt mich wohl noch an.
Kaum zu glauben, wie man bloß
zum 'Sozi' gehen kann?"

An dieser Stelle brech ich ab,
denn jetzt wird's mir zu bunt.
Ich hab da was zu mäkeln,
und das aus gutem Grund:

Es gibt so manchen Unglücksmenschen,
der pfeift auf Schnaps und Bier;
ist krank, zu alt, wurd ausrangiert -
drum kriegt er NUR Hartz IV!

©Norbert van Tiggelen

Bei uns in der Kneipe!

Bei uns in der Kneipe ist immer was los,
die Gäste sind toll, der Wirt ist famos,
das Pilsken schmeckt lecker, genau wie der Korn,
hier gibt es kein' Kummer und auch keinen Zorn.

Hier wird oft gefeiert, dass es nur so kracht,
ein jeder hat Spaß und gerne mitmacht,
die Nacht geht nicht selten bis morgens um vier,
bei Krefelder, Weizen, Asbach und Bier.

Macht einer Stunk, dann darf er gleich gehen,
Ärger, den wollen wir hier nicht sehen.
Bist du in Ordnung, dann komm zu uns her,
wir machen manch Humpen gern mit dir leer.

Hast du mal kein Geld, dann gibt es Kredit,
nicht immer hat jeder genug Pulver mit.
Für diese Gaudi wird gern applaudiert,
wir rufen dazu: Ein Hoch auf den Wirt!

© Norbert van Tiggelen

Das "Rad" der Zeit

Omas Schlüpfer waren riesig,
meistens größer als ein Zelt.
An der Wäschelein' im Garten
ha'm sie Opas Herz erhellt.

Wurden diese alt und löchrig,
putzte sie damit ihr Rad:
Lenker, Speichen, Rahmen, Sattel,
selbst die Kette - in der Tat.

Heute sind selbst Omas Höschen
kurz und knapp, so ist der Trend.
Reicht zur Pfleg' der Fahrradklingel -
wie das Rad der Zeit doch rennt!

© Norbert van Tiggelen

Fair geht vor!

Fan zu sein, ist etwas Tolles,
seinem Club zur Seite steh'n,
Siege und Triumphe feiern,
treu durch schwere Zeiten geh'n.

Klar doch gibt es den Rivalen,
den man nicht so gerne sieht.
Umso schöner ist es, wenn er
deklassiert von dannen zieht.

Aber muss man sich denn hassen,
prügeln, schänden, Kämpfe führ'n,
Schlachtgesänge komponieren,
die bloß neue Fehden schür'n?

Jeder Fan trägt seine Farben,
will am Ende Meister sein;
aber dafür Kriege führen -
dazu sag ich deutlich "Nein!"

Respektiert auch euren Gegner
und erlaubt mir noch ein Wort:
Es geht nicht um unser Leben -
NUR um unsren Lieblingssport!

©Norbert van Tiggelen
inspiriert von Wolfgang Schubert

Der Bergmann schafft zum Wohl der Sippe
in dunklen Tiefen mit der Schippe,
nimmt große Qualen stets in Kauf –
und grüßt den Kumpel mit „Glückauf".

© Norbert v an Tiggelen

War früher alles besser?

Früher war nicht alles besser -
das zu sagen, wär' verkehrt.
Man hat sich halt, sind wir ehrlich,
um manch' Sache nicht geschert.

Zudem kommt ein wicht'ger Nachtrag,
der dies Denken schnell erklärt:
Grund von dieser vagen These -
wir war'n jung und unbeschwert.

© Norbert v an Tiggelen

Taubenvatta-Denkmal in Castrop

"Die Nachtschicht beginnt"

„Die große Reise"

Der Taubenvater lieb und fein
geht stolz in seinen Schlag hinein,
wo das "Hänschen" auf ihn wartet,
bevor die große Reise startet.

Mit viel Liebe und auch Zeit
ist es endlich nun soweit,
dass ein Prachttier draus geworden;
soll gewinnen Ruhm und Orden!

Mit Gerste, Hirse, Hafer, Mais,
Weizen, Wicken, Erbsen, Reis,
Bohnen, Milo Erdnusskerne,
verwöhnte er sein "Hänschen" gerne.

Geh nun auf die große Reise,
spricht der Vater zart und leise,
Du bist mein Stolz, nur Du allein -
sollst im Schlag die Erste sein!

© Norbert van Tiggelen

Weggefegt

Eisenbahner, Binnenschiffer
und der Bergmann standen mal
am „Glückaufplatz" stolz und kräftig,
als Malocher–Ehrenmal.

Schimpfte sich sehr viele Jahre
würdig das „Dreimännereck" -
doch wo seid ihr hingegangen?
Plötzlich wart ihr einfach weg.

Fördertürme, die einst ragten
über Siedlungen hinaus,
wurden uns zudem genommen,
Schluss, Punkt, fertig, Ende, aus!

Krummer Hund, du alter Kämpfer,
dein Gerüst ist auch Geschicht'.
Was erinnert noch an Zeiten,
als du tatest deine Schicht?

Fort sind Spuren alter Tage,
die uns haben einst geprägt.
Ohne mal das Volk zu fragen,
hat man kalt sie weggefegt.

©Norbert van Tiggelen

Fußballbilder

Damals schon, als junger Wilder,
sammelte ich Fußballbilder.
Und auch heut' noch mit Elan
schau ich sie mir gerne an:

Sammer, Breitner, Netzer, Kuntz,
Rummenigge, Brehme, Strunz,
Beckenbauer, Ulli Stein,
Magath, Fischer, Hölzenbein.

Seeler, Körbel, Mehmet Scholl,
Ballack, Hässler, Thomas Doll,
Bomber Müller, Philipp Lahm,
Klinsmann, Litti, Olli Kahn.

Förster, Kohler, Klose, Thom,
Lehmann, Heynckes, Olaf Thon,
Overrath, Libuda, Völler,
Lippens, Vogts und Andi Möller.

Effenberg, Matthäus, Freier,
Held, Podolski, Riedle, Maier,
Augenthaler, Erich Beer -
und da gibt's noch viele mehr!

©Norbert van Tiggelen

Heimweh

Fernab von deiner Herkunft
steht nun dein Lebenshaus.
Das Heimweh plagt dich täglich,
du machst das Beste draus.

Doch jeden Tag passiert es:
Du denkst ans Heimatland,
an Menschen, die dich liebten,
wo deine Wiege stand.

Wie gern wärst du bei ihnen,
doch trauern hilft jetzt nicht.
Ich sende dir ein Lächeln
und auch ein Kerzenlicht.

Nun werd ich mich verpieseln
zum Schluss ein Souvenir:
Denk immer dran - im Geiste,
da sind wir stets bei dir!

© Norbert van Tiggelen

Hasse ma? (Hast Du mal?)

Hasse ma 'nen Euro,
sagst du oft zu mir;
Ich hab nen dicken Kater
und brauche jetzt ein Bier.

Hasse ma fünf Euro,
ich brauche Zigaretten,
und für den schweren Kopf
'ne Packung Schmerztabletten.

Hasse ma zehn Euro,
mein Kühlschrank, der ist leer,
ich habe schon seit Tagen
Kohldampf wie ein Bär.

Hasse ma 'nen Zwanni,
ich wollt' heut Abend raus,
ich hab ein Rendezvous
mit einer tollen Maus.

Hasse ma 'nen Fuffi,
mein Strom wurd' abgestellt,
und wenn ich den nicht habe,
mein Lieblingsfilm ausfällt.

Hasse man nen Hunni,
sonst flieg ich aus dem Haus.
Als ich es verneinte,
war's mit der Freundschaft aus!

© Norbert van Tiggelen

"Dicke Luft" - Zeche Pluto in Wanne-Eickel

Zeche Zollverein 2/8 in Essen

„Seltersbude"

Als Knirps war ich ein großer Held,
wenn es gab das Taschengeld,
nahm meine Beine in die Hand,
und bin zum Kiosk schnell gerannt.

Am Schalter war ich überfragt:
»Was hat denn noch der Bauch gesagt?«
Waren es die Zwiebelringe,
oder gar die Silberlinge?

Den Waffelbruch nicht zu vergessen,
ein Lakritz wurd' schnell gegessen,
Wassereis, das war der Hit,
ich nahm auch gern 'nen Lutscher mit.

Ein Mohrenkopf im Brötchen steckte,
das Zwillings-Eis ich gerne leckte,
Knöterich war ein Genuss,
Mausespeck ein wahres Muss.

Sah ich Veilchen, wurd' ich schwach,
ich griff auch gern ins Bilder-Fach,
toll waren stets die Wundertüten
und Glanzbilder mit Rosenblüten.

War ich Tage später pleite,
nahm mich Mutti meist zur Seite,
sagte mir: „Ich lieb Dich, Du"
und steckte mir zwei Groschen zu.

© Norbert van Tiggelen

Auf nach Crange!
("Piel op no Crange")

Cranger Kirmes – Riesenspaß,
tief im Pott, da gibt man Gas.
Karussells und Dreifachlooping
sind fürs Herz das beste Doping.

Wasserrutsche, Achterbahn
fühlen manchem auf den Zahn.
Willst du schonen deine Nerven,
dann versuch's mit Dosenwerfen.

Ziemlich nah an unsrer Schleuse
schaut man nicht auf seine „Mäuse".
Backfisch, Bratwurst, Gurke, Eis
kosten halt auch ihren Preis.

Bier vom Fass man gern bestellt,
Stimmungshoch im Bayernzelt.
Lustig, friedvoll und auch heikel
unterm Mond von Wanne-Eickel.

Früher mal ein Pferdemarkt,
ist zum „Pottkult" heut' erstarkt.
Kommt zu uns, habt keine Bange!
Los geht's, Freunde - auf nach Crange!

©Norbert van Tiggelen

Jugendzeit

Kaum dass war die Schule aus,
musste ich direkt nach Haus.
Dort ging es dann zum Mittagstisch,
am Freitag gab es meistens Fisch.

Hausaufgaben waren Pflicht,
erst dann gab Mama grünes Licht.
Gewechselt wurd' die gute Kluft
und schleunigst an die frische Luft.

Nägel pieksten in den Taschen,
immer wieder neue Maschen.
Buden bauen war ein Hit,
Fußball spielen hielt uns fit.

Lustig war's am Lagerfeuer,
Bäume waren Ungeheuer,
Pfeil und Bogen selbst gebaut,
aus dem Garten Obst geklaut.

Das Fahrrad war das beste Teilchen,
nach der Kloppe sah man Veilchen,
auf jedem Baum war ich fast drauf,
Gefahren nahm ich oft in Kauf.

Wenn Straßenleuchten gingen an,
macht' ich mich auf den Heimweg dann,
wurd's mal später, gab's gleich Krach,
und es gab eins auf das Dach.

Wenn ich meine Kinder seh,
sage ich:"Ojemine!" -
gar kein Spielplatz weit und breit!
Schön war meine Jugendzeit.

© Norbert van Tiggelen

Der Kumpel schuftet unter Tage,
stolz und ehrlich - keine Frage.
Manch Bergmann sah schon Not zuhauf -
und darum heißt sein Gruß „Glückauf".

© Norbert van Tiggelen

Mmh... lecker

Manchmal werd' ich äußerst fickrig,
dann brauch ich was Deftiges;
einen Imbiss, der mich satt macht -
so was richtig Mächtiges.

So 'ne Kalorienbombe,
die man nach der Kost bereut
und den Gang auf eine Waage
für die nächsten Tage scheut.

Eine Mahlzeit, die im Grunde
selbst ein Hinterwäldler kennt;
man isst sie sogar mit Fingern -
auch wenn man sich bei verbrennt.

Ganz zum Schluss will ich euch sagen:
Pommes ess' ich gern mit Fleiß;
nicht einmal mit einer Bratwurst -
schlicht und einfach nur rot-weiß.

© Norbert van Tiggelen

Wir von damals

Wir von damals waren Kinder,
manchmal durchaus Besenbinder,
recht gewitzt und auch nicht dumm,
haute uns so schnell nichts um.

Möhren aßen wir mit Dreck,
Schuhe putzten wir mit Speck,
Pfeil und Bogen selbst gebaut,
aus dem Garten Obst geklaut.

Blaue Flecken an den Beinen,
nicht nur prügeln - auch vereinen.
Lag der Ball in Nachbars Garten,
mussten wir oft Stunden warten.

Säge, Zange, Nägel, Hammer,
Bretter aus der Abstellkammer
sorgten nie für Langeweile
und für Spaß in Windeseile.

Seifenkisten waren Renner,
Fußballstars die Supermänner,
Buden hoch im Baum gebaut,
ständig abgeschürfte Haut.

Mit dem Fahrrad langgelegt,
schmerzhaft in die Hand gesägt.
Barfuß über heiße Straßen,
rumgejammert wurd' in Maßen.

Liebe Kinder, seid mal ehrlich:
Lebten wir nicht auch gefährlich?
Dennoch ist das eine klar -
unsre Zeit war wunderbar!

© Norbert van Tiggelen

"In der Schwarzkaue"

"Vor Kohle"

Laubenpiepers Fluch

Des Laubenpiepers größter Fluch
ist Dauerregen und Besuch,
denn diese beiden Albernheiten
hasst er schon seit Ewigkeiten.

Müsst' er sich für was entscheiden,
zwischen diesen Dingen beiden,
wäre es - zu seinem Segen -
lieber für den Dauerregen.

©Norbert van Tiggelen

Vertan, vertan

Hörst du dein' Mann im Bad laut stöhnen,
denk nicht, er würd' sich grad verwöhnen.
Gib Acht mit Zorn und laut' Geschrei -
denn meistens legt er nur ein Ei.

© Norbert van Tiggelen

„Das alte Revier"

An einem Ort zwischen Kohlen und Staub,
da liegt das Revier, und vor Lärm ganz taub.
Im Herzen von Deutschland, doch ziemlich im Westen,
da schmeckt „dat Pilsken" - dat kannste testen!

Wo der Kumpel die Kohle frisst,
nach der Maloche im Garten noch ist,
wo Dortmund und Schalke sich Schlachten schlagen
und Menschen sich über die „Stütze" beklagen.

Wo trotz freier Sicht die Lunge noch staubt,
der Bierbauch dem Hemde die Knöpfe raubt,
wo es in Kneipen noch Erdnüsse gibt
und der Hauer den Steiger noch liebt.

Wo die Taube den Brief bringt dem Vater sehr gerne,
von Bochum nach Essen, von Bottrop nach Herne,
wo's Pommes Rot-Weiß und Currywurst gibt,
wo der Rentner die Kugel ruhig schiebt.

Wo die Kohle füllt fleißig den Pott,
die Zechen bald sterben und werden zu Schrott,
wo gern wurd' getrunken beim Grillen ein Bier,
da war unsre Heimat, das alte Revier.

© Norbert van Tiggelen

Kegeln

Kegeln ist ein toller Sport:
Bauern, Damen triffst Du dort.
Auch ein König ist nicht fern,
der den Pudel neckt so gern.

Brüder, Schwestern, eine Meute,
sind des Fuchses fette Beute,
wenn er gute Würfe spielt
und nicht in die Gosse zielt.

„Lattenzaun" - ein Hammer-Spiel,
abzuräumen ist das Ziel.
Mancher Kegel nicht mehr steht,
weil es in die Vollen geht.

Strafen werden auch erhoben,
schlechte Kegler darum toben.
Für sie ist's ein großer Fluch,
das gemeine Kegelbuch.

Eine richtig miese Kunde
ist: „Du zahlst jetzt eine Runde!"
Oder du hast Pech, du Schlingel,
wenn am Seil ertönt die Klingel.

„Alle Neune" umzustoßen,
schaffen wirklich nur die Großen.
Aber mit ein wenig Glück
schaffst auch du dies Meisterstück.

Ist der Abend dann gelaufen,
schreit der ganze Keglerhaufen
abgekämpft, doch mit viel Stolz
aus den Kehlen laut „Gut Holz!"

© Norbert van Tiggelen

Zeche Lohberg - Dinslaken

Is getz allet klar?

Von Marl bis Sprockhövel und Duisburg nach Dortmund,
da liegt unser Ruhrpott, und hier geht es rund.
Hier ist die Heimat vom köstlichen Bier,
von Borussia Dortmund und Schalke 04.
Hier lebt der Promi und das arme Schwein,
hier fließt die Ruhr in den himmlischen Rhein.
Hier sprechen die Menschen 'nen eigenen Stil,
für manchen Touristen kein Pappenstiel.
Die „Fott" ist der Hintern, und Beischlaf heißt „Pimpern",
der Bauch ist die „Wanne", 'ne Flasche die „Kanne".
„Hast du" heißt „Hasse",
„Was machst du?" „Watt machse?".
Die „Schnüss" ist der Mund, und „Köter" heißt Hund.
Die „Ische" heißt Frau, Ja einfach „Jau".
„Nee", das heißt Nein, der „Flunken" ist 's Bein.
Wer kotzt, der geht ´reihern`, „feten" heißt feiern,
wer Durst hat, hat „Brand", und „Flosse" heißt Hand.
Goodbye heißt hier „Tschüssken",
den Kuss nennt man „Küssken".
„Penunzen" ist Geld, „Acker" heißt Feld.
Toilette heißt „Kübel", die „Kloppe" ist Prügel,
Kot heißt hier „Kacke", wer spinnt, hat 'ne „Macke".
Nase heißt „Zinken", „müffeln" heißt stinken,
„beömmeln" heißt lachen, „tun" heißt hier machen.
„Galoschen" sind Schuhe, ´"Still getz!" heißt „Ruhe!",
„Wisch" heißt Formular, - is getz allet klar?
(Ist jetzt alles klar?)

© Norbert van Tiggelen

Wanne–Eickel

Schon in meiner Jugendzeit
Zechen staubten weit und breit,
die Taubenschwärme flogen tief,
die Asthmabrücke lag im Mief.

Der Güterbahnhof unsrer Stadt
setzt die meisten andren matt,
viele Perlen aus den Poren
wurden dort im Schweiß verloren.

Der Kanal mit seinen Brücken,
Tonnen Stahl, die's Herz entzücken,
Schiffe bücken sich dort drunter,
die Kinder schwimmen hier sehr munter.

Der Dürerberg in Röhlinghausen,
dort oben machten wir viel Flausen;
besonders gut war dieses Ziel
für ein Abenteuerspiel.

Die Cranger Kirmes strahlt zur Ernte,
den Spaß im Sommer dort man lernte,
weltbekannt und ein Symbol,
fühlen sich dort Menschen wohl.

Der Mond, des Wanners wahres Zeichen,
ist trotz Wolken schwer zu bleichen,
unsrer Stadt das Licht er gibt,
den Mondpalast auch darum liebt.

Das Solbad mit den warmen Quellen,
heilend liegen in den Wellen,
trotz schwerer Luft und viel Verkehr
wirst du gesund - fällt gar nicht schwer.

Zum guten Schluss sei noch gesagt,
ganz egal, wer mich auch fragt:
Ich bleib dir treu, wird's noch so heikel,
meine Stadt heißt Wanne-Eickel!

© Norbert van Tiggelen

Eisspaß-Nostalgie

Brauner Bär und Ed von Schleck
zog ich mir sehr gerne weg;
Mini Milk und Domino
machten mich des Öftren froh.

Auch beim Capri und dem Happen
konnte man mich oft ertappen;
Dolomiti, Grünofant
hätte ich auch blind erkannt.

Cola Pop und Alpha Star -
ein Gedanke: Wunderbar!
Berry, Buntstift, Plattfuß, Split
war'n für mich sehr oft ein Hit.

Magnum, Zwilling nicht vergessen,
wurden von mir gern gegessen;
Disco, Kokos, Joker, Jolli
zog ich vor 'nem süßen Lolli.

Nogger, Twister, Miami,
das war Eisspaß-Nostalgie;
und dann noch Cornetto Nuss -
sabber – jetzt ist wirklich Schluss!

© Norbert van Tiggelen

"Malochertier"

Der, der ackert wie ein Pferd,
lebt nicht selten sehr verkehrt.
Denn am Abend – das mit Grund -
ist er fertig wie ein Hund.

Schafft er zudem auch noch fleißig
wie 'ne Biene, liebe Leut',
ist sein Chef der Frohgemute,
der sich richtig dran erfreut.

Aus den vielen Überstunden
wurde er nicht wirklich schlau.
Denn im Grunde ist er heut' noch
eine kleine arme Sau.

Irgendwann bemerkt auch dieser,
und das ist kein großer Hehl:
Er war all die vielen Jahre
leider dumm wie ein Kamel.

Doch es gibt da einen Vorteil,
der ist einfach zu versteh'n:
So ein Mensch kann, wenn er krank ist,
auch zu einem Tierarzt geh'n!

© Norbert van Tiggelen

Schalke 04

Mitten im Herzen von unsrem Revier,
wo schön sind die Frauen und eiskalt das Bier,
wo's Pommes rot-weiß und Currywurst gibt,
wo der Malocher sein Fahrrad noch liebt.

Dort, wo die Knappen den Himmel blau streichen,
die Tauben den Vätern das Herz erweichen,
wo Thon und Klaus Fischer einst Gegner erschossen
und Schubkarren stehen neben Luxuskarossen.

Dort, wo das Hasenbrot gern wird gegessen,
wo die Rivalen sind Dortmund und Essen,
dort, wo der Kumpel malocht wie ein Tier,
da ist die Heimat von Schalke 04.

© Norbert van Tiggelen

Schlimmer geht's (n)immer

Oft gehst du erst
den Arzt besuchen
nach tagelangem
Schmerzens-Fluchen.
Doch hüte dich,
es wird noch schlimmer -
hörst du 's Gestöhn
im Wartezimmer!

© Norbert van Tiggelen

"Tracht Prügel"

Prügelstrafen in der Kindheit
fügen Seelen Schlimmes zu.
Denn die Psyche, die gequält wurd',
kommt zumeist nicht mehr zur Ruh.

Diese Schläge von Idioten
haben klar ihr Ziel verfehlt.
Von der Angst vor weitren Strafen
hat manch Kind nie was erzählt.

Sogar viele Jahre später
spürt der Mensch noch diese Pein,
und es wird auch leider, glaubt mir,
bis ins hohe Alter sein.

©Norbert van Tiggelen

Zeitreise

Fotos sind Erinnerungen,
holen Altes dir zurück:
Eisigkalte, dunkle Zeiten -
aber oft auch Freud und Glück.

Bringen dich zum Überlegen,
wie die Zeit doch ist gerannt,
was man doch für schräge Vögel
früher einmal hat gekannt.

Lassen Menschen auferstehen,
die schon lange nicht mehr sind;
zeigen deine mittlerweile
großen Sprosse noch als Kind.

Kommen diese Fotos wieder
in den alten Schuhkarton,
ist die Reise in das Damals
leider an der Endstation.

©Norbert van Tiggelen

"Seilfahrt zum Tage"

"Reibeplätzken"

"Reibeplätzken" - mmh, wie lecker,
die sind echt total famos;
Eier, Zwiebeln und Kartoffeln,
Mehl, Gewürze - jetzt geht's los:

Teig wird mit 'ner Reib' gerieben,
wie bei Muttern, kein Problem.
Es freu'n sich die Fingernägel
und so manches Hautekzem.

Blut und Hornhaut geben Würze,
knusprig schmackhaft soll'n sie sein.
Vorher war'n die Hände schmutzig -
siehe an, jetzt sind sie rein!

Guten Appetit ! :)

© Norbert van Tiggelen

Sauerland

Oh, du schönes Sauerland,
raubst mir lang schon den Verstand.
Deine Seen, Wälder, Kuppen
sind ein Schmaus für Wandergruppen.

Städtchen hast du ziemlich viele,
sind begehrte Reiseziele:
Warstein, Brilon, Attendorn
liegen bei Touristen vorn.

Arnsberg, Soest und Meinerzhagen,
sollte man im Herzen tragen.
Und ein großes Augenmerk
richtet man auf Winterberg.

Bigge–, Sorpe–, Möhnesee
sind beliebt seit eh und je,
und die Ruhr entspringt bei dir,
die dann fließt durch das Revier.

Kahler Asten, Keim der Lenne,
ich nichts Schöneres hier kenne.
Raubst noch vielen den Verstand -
wunderschönes Sauerland!

©Norbert van Tiggelen

(Für viele Ruhrpöttler ein Kurzurlaubsziel am Wochenende)

Wir sind die Schönsten!

Männer gibt es
haufenweise -
große, kleine,
schlank und breit;
jede Frau, wär'
sie doch ehrlich,
nach gewissen
Normen schreit.

Doch ich kann euch
eines sagen,
und das ohne
Hohn und Spott:
Die mit den
gewissen Extras -
kommen aus
dem Kohlenpott.

© Norbert van Tiggelen

Klassentreffen

Klassentreffen, die sind spannend,
denn man fragt sich, wie ihr wisst,
was aus alten Weggenossen
eigentlich geworden ist.

Was macht wohl die erste Liebe
oder gar der einst'ge Feind?
Ob man sich nach all den Jahren
in den Armen liegt und weint?

Sieht man sich dann endlich wieder,
ist man auch schon mal perplex:
Aus der frommen Maid von damals
sprudelt heute purer Sex.

Aus dem Traum der meisten Mädchen
wurde nicht ein Richard Gere:
Er trägt eine dicke Wampe
und gleicht einem Gürteltier.

Aus dem scheuen Weichling früher
wurd' ein Macho - Mann oh Mann!
Er sich vor dem Blinzeln vieler
überhaupt nicht retten kann.

Ist das Treffen dann vorüber,
wurd' es einem jeden klar -
wie die Jahre so gerannt sind,
das verriet manch graues Haar.

©Norbert van Tiggelen

Kohlenpott-Rivalen

Schon seit langer Zeit Rivalen -
wer verliert, der leidet Qualen.
Schwarzgelb gegen Königsblau
heißt von je her eins: Radau.

Kaum ein Derby ist brisanter,
von der Spannung her pikanter;
sportlich und auch finanziell
ist es halt DAS Top-Duell.

Darum, sind wir doch mal ehrlich,
ist es denn nicht wahr und herrlich:
Was wär' der Fußball in unsrem Revier
ohne Borussia und Schalke 04!?

©Norbert van Tiggelen

„Currywurst"

Wenn deine Zunge sich zerfrisst,
die Stimme leis' und schwächlich ist,
bangst schweißgebadet um dein Leben,
vom Schüttelfrost die Knochen beben -

Wenn du blass wirst wie 'ne Leiche,
den Rachen spülst im Gartenteiche,
die Magenwände applaudieren
und Nierensteine detonieren -

Wenn die Lippen tierisch brennen,
du ständig musst zum Boiler rennen,
die Zunge qualmt, so wie ein Schlot,
du glaubst, dein Inn'res sei schon tot -

Wenn dich die Geschwüre kneifen,
die Lunge, sie beginnt zu pfeifen,
Leere herrscht In deinem Hirne
und der Schweiß steht auf der Stirne -

Wenn dein After tierisch beißt,
bei jedem Pups du lautstark schreist
und tagelang verspürst nur Durst -
dann gab es wieder Currywurst!

©Norbert van Tiggelen

Zeche Teutoburgia Herne.

Zeche Auguste Victoria

Fußball

Fußball ist mein Lieblingssport,
darauf geb' ich euch mein Wort.
Dieses Hobby ist der Hit,
denn es hält mich jung und fit.

Wenn ich auf dem Rasen stehe
und den Gegner vor mir sehe,
will ich eins nur: ihn besiegen,
und wenn's geht, vom Platz nicht fliegen.

Ich kann fummeln, täuschen, schießen,
den Applaus der Fans genießen;
bombe ich uns dann zum Sieg,
ich bestimmt 'ne Prämie krieg'.

Hab ich mal 'nen schlechten Tag,
an dem gar nichts klappen mag,
sage ich, obwohl ich schmor':
„Steck' es weg, denn fair geht vor!"

Schon am nächsten Wochenende
kommt durch mich die große Wende,
wenn ich wieder Tore schieße
und den Sieg dann stolz genieße.

©Norbert van Tiggelen

Nostalgie

Keinen Kampf um Einkaufswagen,
auch kein lautes Kindsgeschrei;
Herzblut pochte in Regalen,
vom Schnittbrot bis zum Bio-Ei.

Auf dem kalten Tresen glänzten
Bonbongläser, hochpoliert;
fandest keinen launisch' Kunden,
der sich kalt im Gang verirrt'.

Ein Stück Fleischwurst an der Theke
reichte man in Kinderhände,
saß das Geld nicht ganz so locker,
gab's Kredit bis Monatsende.

Wie gern ging ich als kleiner Bub
in diese schmucken Lädchen rein,
wo man immer lieb gefragt wurd':
„Bitteschön, darf's noch was sein?"

Einkauf an der Straßenecke,
stressfrei und in Harmonie,
dabei plaudern mit dem Nachbarn -
das war pure Nostalgie.

© Norbert van Tiggelen

Krummer Hund

Ach, du armer Krummer Hund -
hattest deine Knochen wund.
Fünfundsiebzig Jahre Qual,
leider nur noch eine Zahl.

Ach, du armer Krummer Hund -
standst mit uns in einem Bund.
Ob bei Tag und auch bei Nacht,
hast den Buckel krumm gemacht.

Ach, du armer Krummer Hund -
geschlagen hat die letzte Stund'
Denkmalschutz wurd' aufgehoben -
ein Verhalten nicht zum Loben!

Ach, du armer Krummer Hund -
hier jetzt unsre letzte Kund:
Denkmal unsrer Industrie,
werden dich vergessen nie!

©Norbert van Tiggelen

Zeitmaschine

Hätt' ich eine Zeitmaschine,
Mensch, das wäre doch der Hit!
Ich nähm' manch ein Kind von heute
in das einst Gescheh'ne mit.

Ich würd' ihnen dann mal zeigen,
wie's in UNSRER Jugend war.
Damals gab's noch Fußballplätze,
und sogar in großer Schar.

Unterhaltungselektronik
war ein Fremdwort - Gott sei Dank.
Puzzles, Legos, Kartenspiele
schmückten UNSREN Spielzeugschrank.

Buden bauten wir auf Bäumen,
in den Hecken, auf dem Feld.
Wir bekamen strenge Rügen
und ein kleines Taschengeld.

Kirschen klau'n in Nachbars Garten,
Pfeil und Bogen selbst gebaut;
doch trotzdem mit hoher Achtung
zu den Alten hochgeschaut.

Unsre Kleidung war meist schmutzig,
es war halt 'ne andre Zeit;
kein Vergleich zu heut'gen Tagen -
Kids, ihr tut mir manchmal leid!

© Norbert van Tiggelen

„Arbeitsloser"

Nicht ein jeder Arbeitsloser
ist ein fauler Lebemann,
der den ganzen Tag nur gammelt
und noch nie etwas ersann.

Unter ihnen gibt es Kranke;
auch ein Unfall war oft schuld,
dass sie nicht mehr schaffen können,
kannten Arbeit einst als Kult.

Andre wirkten viele Jahre,
haben Geld verdient wie Heu;
wurden plötzlich rausgeworfen,
waren sie auch flink und treu.

Kaum ein Reicher kann erahnen,
wie man sich als Armer plagt,
und der Frust des leeren Lebens
in der tiefen Seele nagt

Darum rate ich dir eines:
Schimpfe nicht gemein und schlecht!
Nicht ein jeder „Arbeitsloser"
ist ein fauler, müder Knecht.

©Norbert van Tiggelen

Toto & Harry

Toto und Harry –
zwei „*Bullen*" mit Herz
inmitten von Stahlbau,
Fleiß und Kommerz.

Im Herzen vom Ruhrpott,
da liegt ihr Revier;
inmitten von Reichtum,
Malochern, Hartz IV.

Sie regeln Probleme,
tagein und tagaus;
inmitten vom Volke
gibt's selten Applaus.

Sind Freunde und Helfer,
und das jede Schicht.
Ihr Job ist ein Wagnis -
doch das stört sie nicht.

© Norbert van Tiggelen

Bedingungslos
(Die Kumpel-Version)

Du bist ein besondrer Kumpel,
darauf bin ich mächtig stolz.
Wir sind beide ein Kaliber
und aus richtig gutem Holz.

Jeder hat sein eignes Leben,
in dem viel zu meistern ist:
Schwierigkeiten auszumerzen,
man sich leider oft vermisst.

Doch wenn's einem von uns mies geht,
dann gibt es nur ein Gebot:
Alles steh'n und liegen lassen,
sich flugs helfen aus der Not!

© Norbert van Tiggelen

„Ein Cranger-Kirmes-Tag"

August, so heißt der Monat,
in dem geben wir Gas,
da ist bei uns in Crange
großer Kirmesspaß.

Der Mond von Wanne-Eickel,
er schenkt ihr seinen Glanz,
zehn Tage wird er dauern,
der große Freudentanz.

Das kühle Pils am Bierstand,
die Gurke aus dem Fass,
auf der wilden Wasserbahn
wirst du feucht-fröhlich nass.

Die Geisterbahn, sie gruselt,
dank üblen Hexereien.
Der Vati nimmt Mama in 'n Arm,
die Kinder, vor Angst schreien.

Das Bayernzelt ertönt
mit Tschingderassabum,
ein Hauch von Alpenglüh'n,
das Maß-Bier reicht man rum.

Das Softeis ist so fruchtig,
die Wurst in Senf getränkt,
an die Figur an diesem Tag
sicher niemand denkt.

Lose ziehen macht viel Spaß,
das ist der größte Hit,
mit ein wenig Glück beim Kauf
nimmst du den Hauptpreis mit.

Künstler zeichnen dein Portrait
geschickt in kurzer Zeit,
hoch oben auf dem Riesenrad
die frische Luft befreit.

Das Looping überschlägt sich,
dem Vater geht's an den Kragen,
zur Freude seiner Kinder
hört man ihn laut klagen.

Mutti fühlt sich richtig wohl
im Kettenkarussell,
das Kleid fliegt hoch, die Luft ist kühl,
die Fahrt endet zu schnell.

Millionen Lichter leuchten,
bis tief in die Nacht,
dieser Cranger-Kirmes-Tag,
der hat uns Spaß gemacht.

© Norbert van Tiggelen

"Stillstand"

"Abkehrschicht"

Alte Zeiten

Manchmal schließe ich die Augen,
lass den Gedanken freien Lauf,
denke an vergangne Tage,
in mir geht die Sonne auf.

Seh' die großen Fördertürme,
die im Smog der Städte stehen,
Kumpels, die nach der Maloche
Arm in Arm zur Kneipe gehen.

Seh' den Taubenschlag im Garten,
in dem Opas Rennpferd war,
dort verweilte nicht nur Hänschen,
manchmal auch der graue Star.

Seh' die blassen Hinterhöfe,
wo die Jungs oft Fußball spielten
und die Mädchen brav bekleidet
Puppen in den Armen hielten.

Seh' den Tante-Emma-Laden,
dort gab's Waffelbruch und Eis,
Rollmops nur nach Art des Hauses,
Qualität zum kleinen Preis.

© Norbert van Tiggelen

Ruhrgebiet

Ziemlich genau zwischen Lippe und Ruhr
kam man dem schwarzen Gold auf die Spur.
Empor schossen Zechen und riesige Werke,
der Pott, wie er hieß, gewann arg an Stärke.

Hier wurde geschuftet auf Teufel komm raus,
mit Stolz für Familie, den Garten, das Haus.
Schweiß wurd' vergossen in dunklen Tiefen,
der Vater auf Nachtschicht - die Kinder, sie schliefen.

Heut' ist die Kohle fast schon Geschichte,
die Gruben sind leer und meistens zunichte.
Der einstige Hauer sitzt sinnend im Garten
und spielt mit den Nachbarn gelegentlich Karten.

Der Fußball regiert hier wie in alten Zeiten,
die Fans sich wie damals noch raufen und streiten.
Mit „dat" und mit „wat" wird von jeher gesprochen,
dem kleinen Malocher, dem schmerzen die Knochen.

Unser Revier, das liegt ganz tief im Westen.
Hier kannst Du Bierchen und Currywurst testen.
Hier hält man zusammen, egal was geschieht.
in unserer Heimat - dem Ruhrgebiet.

©Norbert van Tiggelen

Grüne Lungen

Hier in unsrem Ruhrgebiet,
da ist nicht alles trist und grau,
monotone Steinfassaden -
Großbetriebe - Plattenbau.

Hier gibt's mittlerweile Fleckchen,
von Verrußung keine Spur:
Halden, Seen, Wiesen, Wälder
geben dir Erholung pur.

Hier, wo einst der Smog regierte,
Kohlenstaub auf Möbeln lag,
findet man jetzt Waldlandschaften,
die man nutzt zum Wandertag.

Hier verstaubt nicht mehr die Sonne -
tief im Westen freie Sicht.
Dort wo einst Kamine rauchten,
man von "grünen Lungen" spricht.

©Norbert van Tiggelen

Tief im Westen

Hier bei uns ganz tief im Westen
rollt der Fußball durchs Revier,
ob in Schalke, Bochum, Dortmund,
er ist unser Elixier.

Hier bei uns ganz tief im Westen
spricht man gern mit "datt" und "watt",
nennt die Freunde gerne "Kumpels",
trägt vorm Munde oft kein Blatt.

Hier bei uns ganz tief im Westen
isst man Pommes gern rot-weiß,
tut auch gerne mal laut fluchen:
"Watt is datten für 'nen Scheiß?"

Hier bei uns ganz tief im Westen
sagt man "Tschüssken" und "Glück auf".
Wenig Kohle ha'm hier viele,
doch da pfeift man meistens drauf.

Hier bei uns ganz tief im Westen
ist man gerne geradeaus,
nennt das Kind zumeist beim Namen -
Schluss, Punkt, Ende, fertig, aus!

© Norbert van Tiggelen

Zeche Ewald in Herten

Zeche Friedrich Heinrich in Kamp-Lintfort

Nachwort

Liebe Leser,

und - haben Sie sich in meiner Heimat ein wenig wohl gefühlt? Vielleicht kommen Sie ja sogar hier aus dieser Region oder haben hier schon mal eine Zeitlang gelebt!? Falls ja, dann hoffe ich, dass ich unsere Heimat gebührend beschrieben und gewürdigt habe und auch Ihrer Meinung nach nichts verfälscht wurde.

Vielen Dank für den Kauf dieses Buches!

Der Autor
Norbert van Tiggelen

Impressum

Cover-Fotos sowie die Fotos im Buch:
Wolfgang Schubert, Castrop Rauxel
www.minister-achenbach.de

Wolfgang Schubert, fotografiert
von Arno Specht

Lektorat:
Heidi Friedrich, Lampertheim

Gedichte/Texte:
© Norbert van Tiggelen,
Wanne–Eickel (Herne 2)